BEI GRIN MACHT SICH IHR WISSEN BEZAHLT

- Wir veröffentlichen Ihre Hausarbeit, Bachelor- und Masterarbeit

- Ihr eigenes eBook und Buch - weltweit in allen wichtigen Shops

- Verdienen Sie an jedem Verkauf

Jetzt bei www.GRIN.com hochladen und kostenlos publizieren

Bibliografische Information der Deutschen Nationalbibliothek:

Die Deutsche Bibliothek verzeichnet diese Publikation in der Deutschen Nationalbibliografie; detaillierte bibliografische Daten sind im Internet über http://dnb.d-nb.de/ abrufbar.

Dieses Werk sowie alle darin enthaltenen einzelnen Beiträge und Abbildungen sind urheberrechtlich geschützt. Jede Verwertung, die nicht ausdrücklich vom Urheberrechtsschutz zugelassen ist, bedarf der vorherigen Zustimmung des Verlages. Das gilt insbesondere für Vervielfältigungen, Bearbeitungen, Übersetzungen, Mikroverfilmungen, Auswertungen durch Datenbanken und für die Einspeicherung und Verarbeitung in elektronische Systeme. Alle Rechte, auch die des auszugsweisen Nachdrucks, der fotomechanischen Wiedergabe (einschließlich Mikrokopie) sowie der Auswertung durch Datenbanken oder ähnliche Einrichtungen, vorbehalten.

Impressum:

Copyright © 2017 GRIN Verlag
Druck und Bindung: Books on Demand GmbH, Norderstedt Germany
ISBN: 9783668676237

Dieses Buch bei GRIN:

https://www.grin.com/document/418758

Anonym

Groß- und Kleinschreibung in der deutschen Sprache

GRIN Verlag

GRIN - Your knowledge has value

Der GRIN Verlag publiziert seit 1998 wissenschaftliche Arbeiten von Studenten, Hochschullehrern und anderen Akademikern als eBook und gedrucktes Buch. Die Verlagswebsite www.grin.com ist die ideale Plattform zur Veröffentlichung von Hausarbeiten, Abschlussarbeiten, wissenschaftlichen Aufsätzen, Dissertationen und Fachbüchern.

Besuchen Sie uns im Internet:

http://www.grin.com/

http://www.facebook.com/grincom

http://www.twitter.com/grin_com

Inhalt

Einleitung 1

Definition: Orthographie 1

Groß- und Kleinschreibung in ausgewählten Werken 2

Groß- und Kleinschreibung im Duden/ Eisenberg 2

Groß- und Kleinschreibung bei Fuhrhop 3

Groß- und Kleinschreibung bei anderen Autoren 4

Fehlerbereiche der Schülerinnen und Schüler im Bereich der Groß- und Kleinschreibung
.... 6

Fazit 7

Literaturverzeichnis 8

Einleitung

Die vorliegende Hausarbeit beschäftigt sich mit dem Thema: „Groß-und Kleinschreibung in der deutschen Sprache".

Orthographie ist im Allgemeinen ein aktuelles Thema, da sie einerseits immer wieder medial thematisiert wird[1]. Andererseits ist es ein wichtiger Bestandteil der schulischen Lehrpläne. Von daher finde ich es relevant, mich auf diesem Gebiet zu vertiefen.

Da ich auch Schülern ab der 5. Klasse Nachhilfe gebe, habe ich gemerkt, dass Groß- und Kleinschreibung eine große Fehlerquelle darstellt. Mir erscheint es von daher wichtig, dass ich mein Wissen im Bereich der Groß-und Kleinschreibung mit dieser Hausarbeit auffrische.

In dieser Arbeit werde ich als Erstes eine kurze Definition zur Orthographie geben, weil die Groß-und Kleinschreibung ein Teilgebiet von ihr ist. Als Zweites werde ich mir zwei Grammatiken zu Betracht ziehen. Dieser Teil wird zugleich den Schwerpunkt dieser Arbeit bilden. Hierbei werde ich zwei Werke als Grundlage nehmen und diese hinsichtlich der Groß- und Kleinschreibung darstellen. Dann werde ich zusätzlich noch zwei andere Grammatiken nehmen, um die Kontraste zu verdeutlichen. Als letzter inhaltlicher Punkt werde ich diese Werke in ihren Gemeinsamkeiten und Unterschiede darstellen. Bevor ich meine Arbeit mit einem Fazit beende, möchte ich auf die häufigsten Fehler im Deutschen eingehen. Schließlich werde ich meine Arbeit mit einem Fazit zum Thema der Groß-und Kleinschreibung beenden.

Definition: Orthographie

Um einen nahtlosen Einstieg in die Groß- und Kleinschreibung zu gewährleisten, bedarf es zunächst einmal einer kleinen Skizzierung des Teilgebiets der Grammatik, wozu auch die Groß- und Kleinschreibung gehört: die Orthographie.

Orthographie o. Rechtschreibung ist die „Lehre von der systematischen und einheitlichen Verschriftung von Sprache durch Buchstaben und Satzzeichen.".[2] „Die Orthographie legt fest, was ‚richtig' ist. Die Orthographie ist eine willkürliche Normierung, es wird festgelegt, wie ‚richtig' geschrieben wird.[3]

Die in der Erklärung benannte Einheit und Systematik der Rechtschreibung trat erstmals durch

---

[1] Siehe dafür: http://www.sueddeutsche.de/karriere/rechtschreibreform-graeuliche-staengel-1.547515 (Stand: 20.11.17)
http://www.spiegel.de/lebenundlernen/schule/rechtschreibung-reform-ein-flop-a-1106789.html (Stand: 20.11.17)
https://www.welt.de/regionales/hamburg/article166786533/Hammburgs-Schuehler-machen-zu-fiele-Feler.html (Stand: 20.11.17)
[2] Bußmann, Hadumod [Hrsg.]. Lexikon Der Sprachwissenschaft. 3., Aktualisierte Und Erw. Aufl. ed. Stuttgart: Kröner, 2002. S. 552
[3] Fuhrhop, Nanna. (2009). Orthografie (3., aktualisierte Aufl. ed.). Heidelberg: Winter. S. 1

die Rechtschreibe-Konferenzen von 1876 und 1901 auf. [4] Die deutsche Sprache ist also normiert. [5]

Das erste „Orthographische Wörterbuch" erschien erstmals im Jahre 1880 im Duden. Damals enthielt es 27.000 Wörter und sollte den gesamten Wortschatz der Deutschen umfassen. Mittlerweile gibt es 130.000 Wörter.[6]

Auch wenn es feste Regelungen gibt, lässt die Orthographie manchmal mehrere Schreibungen zu.

Groß- und Kleinschreibung in ausgewählten Werken

Zunächst muss darauf hingewiesen werden, dass es sich sowohl im Duden als auch in der Grammatik von Eisenberg um denselben Autor handelt. Der Orthographieteil im Duden wurde von Eisenberg verfasst. Jedoch ist es in dieser Hinsicht interessant, wie Eisenberg die eine Thematik auf zwei verschiedenen Weisen darstellt. In seinem Buch „Grundriss der deutschen Grammatik" stellt es Eisenberg detaillierter dar.

Groß- und Kleinschreibung im Duden/ Eisenberg

Im Allgemeinen kann man auf dem ersten Blick sagen, dass das Kapitel im Duden zur Orthographie sehr kurz gehalten wurde. Auf fünf Seiten wird eine Einführung in die Orthographie und in die Groß- und Kleinschreibung gemacht.

Zunächst wird eine allgemeine Information gegeben, dass alles in der Regel kleingeschrieben wird. Durch die Großschreibung werden bestimmte Wortformen im Text besonders gekennzeichnet.[7]

Eisenberg teilt im Duden die Groß- und Kleinschreibung in vier Unterpunkte ein. Der erste Unterpunkt ist die Großschreibung der Substantive. Substantive werden großgeschrieben, u.a. einfache Substantive, abgeleitete und Komposita. Wenn ein Wort durch eine andere Wortart zu einem Substantiv umgesetzt ist, schreibt man dies ebenfalls groß.[8]

Der zweite Unterpunkt ist die Großschreibung der Eigennamen. Wenn ein Eigenname aus einer Wortform besteht, so ist es ein Substantiv und wird großgeschrieben.

Der dritte Unterpunkt ist die Großschreibung der Pronomen. Die Pronomina zur Höflichkeitsanrede Sie und Ihr schreibt man groß.

Der vierte und letzte Unterpunkt ist die Großschreibung von Satzanfängen. Die erste Wortform

---

[4] Vgl. Bußmann. 2002. S. 552
[5] Wöllstein, Angelika [Hrsg.], and Eisenberg, Peter. Duden, Die Grammatik : Unentbehrlich Für Richtiges Deutsch. 7., völlig neu erarbeiteten und erweiterten Auflage. ed. Berlin: Dudenverl., 2006
[6] Vgl. Eisenberg. 2006. S. 64
[7] Vgl. Eisenberg. Duden. 2006. S. 85
[8] Vgl. Eisenberg. Duden. 2006. S. 85

eines Gangsatzes wird großgeschrieben, auch wenn eine direkte Rede anfängt oder nach einem Doppelpunkt steht. Somit endet der Orthographieteil im Duden.
Nun möchte ich im Kontrast dazu zu Eisenbergs Buch kommen.
Das Kapitel zur Groß- und Kleinschreibung dehnt sich auf 15 Seiten, welches ein eindeutiger Kontrast zum Duden ist. In der Einführung fasst Eisenberg alle Bedingungen zusammen, in der man großschreiben muss.
Großgeschrieben wird am Satzanfang, die Pronomen in der Höflichkeitsform, Eigennamen und Substantive. Nun geht Eisenberg auf bestimmte Themen näher ein. Eigennamen sind schwierig zu definieren, dies stellt für niemanden ein Problem dar. [9] Die Substantivgroßschreibung empfinden viele als willkürlich und widernatürlich.
Im nächsten Schritt geht Eisenberg auf die Geschichte der Orthographie ein, um die Gründe für Substantivgroßschreibungen darzustellen.
Obwohl die Groß- und Kleinschreibregelungen das Lesen erleichtern, soll jeder vierte Rechtschreibfehler der 3. Und 4. Klassen aus dem Bereich Groß-Klein-Schreibung stammen.[10] Eisenberg problematisiert im nächsten Schritt die Regel, dass Substantive großgeschrieben werden. Jedoch ist es nicht so einfach Substantive zu identifizieren. [11] Er geht auf die Substantive sehr genau und detailliert ein, welches ich an dieser Stelle nicht nacherzählen werde.
Außerdem sind die Eigennamen ein Teil der Substantive. Die Großschreibung schreibt am häufigsten die Eigennamen groß.[12]

Groß- und Kleinschreibung bei Fuhrhop

Eine formale Gemeinsamkeit bei Fuhrhop mit Eisenberg ist, dass auch Fuhrhop in ihrem Buch, die Groß- und Kleinschreibung in 15 Seiten thematisiert. Diese Literaturgrundlage wurde uns auch im Seminar als Grundlage für die Groß- und Kleinschreibungssitzung empfohlen.
Fuhrhop fängt mit der Regel ‚Substantive werden großgeschrieben' an. Jedoch geht sie zunächst nicht auf diese näher ein und führt die anderen Regeln ein. Es werden Satzanfänge, Anredepronomen und Eigennamen großgeschrieben. Nach dieser Aufzählung kommt sie auf das Thema Substantive zurück. Wenn man sagt, dass Substantive großgeschrieben werden, würde man damit auf eine Wortart Bezug nehmen. [13] Wortarten an sich sind nach Fuhrhops

---

[9] Vgl. Eisenberg, Peter. (1998). Grundriß der deutschen Grammatik. 1. Das Wort (Neuausg.] ed.). Stuttgart: Metzler. S. 327
[10] Vgl. Eisenberg. 1998. S. 328
[11] Vgl. Eisenberg. 1998. S. 328
[12] Vgl. Eisenberg. 1998. S. 334
[13] Vgl. Fuhrhop. 2009. S. 41

Auffassung umstritten. Man müsse nach Fuhrhop erkennen können, was der Großschreibung zu Grunde liegt. Wir würden von einem prototypischen Substantiv ausgehen und behaupten, dass sie bestimmte Merkmale aufweist. Man kann grundsätzlich zwei Arten unterscheiden. Substantivische Eigenschaften zeigen auf der einen Seite ‚lexikalisch-morphologisch' und auf der anderen Seite ‚syntaktisch'. [14] Lexikalisch-morphologisch ist das Substantiv dann, wenn es in einem Lexikon aufgefasst ist. Hingegen meint ‚syntaktisch', dass das jeweilige Wort in dem Satz überprüft werden muss. D.h. eine wichtige syntaktische Eigenschaft ist, dass Substantive artikelfähig und attributfähig sind.

Vor der Zusammenfassung diskutiert Fuhrhop, warum man eigentlich eine Substantivgroßschreibung im Deutschen hat. Andere Sprachen kämen auch ohne die Substantivgroßschreibung klar. Sie listet die Argumente für eine Substantivgroßschreibung im Deutschen. In der deutschen Sprache ist die Substantivgroßschreibung historisch gewachsen. Als Zweites nennt sie die Hilfeleistung der Großschreibung. Die Substantivgroßschreibung hilft „potenzielle Kerne von Nominalgruppen zu erkennen." [15]

Als letztes Argument wird die leichte Lesbarkeit benannt. Da mehr Menschen lesen als schreiben, wäre es ein besseres Schriftbild für das Auge. [16]

Zusammenfassend sagt Fuhrhop, dass der schwierigste Teil in der Großschreibung die Substantivgroßschreibung ist. Jedoch kann man mit der lexikalisch-morphologischen und der syntaktischen Prototypentheorie die Substantive gut eingrenzen. Die Zweifelsfälle wären gut einzugrenzen.

Groß- und Kleinschreibung bei anderen Autoren

Bis jetzt habe ich mich auf zwei Autoren gestützt. Nun möchte ich im Kontrast zu Eisenberg und Fuhrhop noch zwei andere Grammatiken anführen.

Als erstes möchte ich auf die Groß- und Kleinschreibung von Heller eingehen. [17]

Heller fängt mit einer kleinen Einführung in die Groß- und Kleinschreibung an und unterteilt die Regeln in Unterpunkte. Er führt als erstes die Großschreibung am Satzanfang ein, erklärt es und gibt viele Beispiele.

Außerdem werden Überschriften und ähnliche Texteinheiten auch großgeschrieben.[18] Dann kommt ein Kapitel über die Großschreibung von Substantiven. Erst wird das Phänomen erklärt und dann folgen die Substantivkategorien als Beispiele auf. Außerdem führt er an, dass

---

[14] Vgl. Fuhrhop. 2009. S. 40
[15] Fuhrhop. 2009. S. 51
[16] Vgl. Fuhrhop. 2009. S. 51
[17] Heller, Klaus. Die Regeln Der Deutschen Rechtschreibung. Hildesheim: Olms-Weidmann, 2008. Ab S. 71
[18] Heller. 2008. S. 73

Desubstantivierungen kleingeschrieben werden. Schließlich führt er noch die Eigennamen an, die großgeschrieben werden.

Nun möchte ich auf eine andere Grammatik überleiten. Hentschel und Weydt haben in ihrem Handbuch: „Handbuch der deutschen Grammatik" in 2-3 Seiten die Groß- und Kleinschreibung thematisiert. Hier fängt der Autor ähnlich wie bei Eisenberg mit einem Vergleich der anderen Sprachen mit der deutschen Sprache an. Das Deutsche wäre die einzige Sprache, bei der die Substantive großgeschrieben werden. [19] Dann wird aufgelistet, in welchen Fällen großgeschrieben wird. Hier wird nochmal verdeutlicht, dass Adverbial gebrauchte Adjektive kleingeschrieben werden. [20]

Im letzten Abschnitt des Kapitels wird auf die aus Eigennamen abgeleitete Adjektive eingegangen und das Kapitel wird mit den Eigennamen als Fehlerquelle abgeschlossen.

1.1. Gemeinsamkeiten und Differenzen

Es ist zunächst wichtig zu erwähnen, dass zwischen Eisenbergs und Fuhrhops Grammatiken um die 11 Jahre liegen. Dies merkt man auch im Aufbau der beiden Grammatiken. Eisenberg legt das Kapitel zur Orthographie sehr übersichtlich aus und minimiert seinen Text auf das Wichtigste. In seinem Buch geht er auf das Problem der Substantivgroßschreibung sehr detailliert ein. Er führt sehr viele Beispiele und ermöglicht dem Leser somit bessere Verständnismöglichkeiten.

Fuhrhop macht von vornherein klar, wie sie vorgehen will. Sie führt die Problematik der Groß- und Kleinschreibung an und listet für jede Regel Beispiele auf. Am Ende legt sie ihren Schwerpunkt ebenfalls auf die Substantivgroßschreibung an. In der Hinsicht sind sich Eisenberg und Fuhrhop ähnlich.

Fuhrhop beendet das Kapitel mit einer Frage, die sich jeder fragt aber keine eindeutige Antwort bekommt. Diese Frage beantwortet sie und beendet das Kapitel zur Groß- und Kleinschreibung mit einer Zusammenfassung. Ganz anders macht es Heller nicht. Etwas Neues bei ihm ist die Thematisierung der Überschriften als Großschreibung. Er schreibt die einzelnen Substantivierungsregeln noch detaillierter als Eisenberg. Zudem führt er auch eine Kleinschreibungsregel explizit auf. Die kürzeste Ausführung der Grammatik war im Handbuch von Hentschel und Weydt. Da es ein Nachschlagewerk ist, dürfte man nicht viel erwarten. Jedoch erfüllt es seinen Zweck. Es wird ein Vergleich zu anderen Sprachen hergestellt. Die

---
[19] Hentschel, Elke, and Weydt, Harald. Handbuch Der Deutschen Grammatik. 4., Vollst. überarb. Aufl. ed. Berlin [u.a.]: De Gruyter, 2013. S. 444
[20] Vgl. Hentschel and Weydt. 2013. S. 445

Regelungen für Großschreibung werden mit Beispielen erklärt. Am Ende thematisiert es sogar Fehlerbereiche im Bereich der Sonderregelungen.

Meiner Meinung nach macht es Fuhrhop systematisch und verständlich. Dies ist sicherlich auch mit der Aktualität zu erklären.

Fehlerbereiche der Schülerinnen und Schüler im Bereich der Groß- und Kleinschreibung

Wie auch schon in der Einleitung erwähnt, mache ich wöchentlich die Erfahrung mit der Groß- und Kleinschreibung in einem Nachhilfeinstitut. Deshalb erachte ich es als wichtig, auch Beispiele aus meiner Tätigkeit zu analysieren.

Einführend werde ich aus der Literatur „Beispiele der häufigsten Fehler anführen". [21]

Es werden häufig Fehler bei mehrteiligen Eigennamen gemacht. Als Beispiel wird „Kalter Krieg" angeführt. [22] Auf dem ersten Blick denkt man sich als Schüler, dass das „Kalte" ein Adjektiv ist und den Krieg näher beschreibt. Jedoch gehört es zu dem Namen dazu.

Eine andere Fehlerquelle stellen die Farb- und Sprachenadjektive dar. Hier muss man mit den W-Fragen arbeiten. Man ermittelt mit „wie?" nach Farben und mit „was?" nach der Sprache. Manchmal ist sowohl Groß- als auch Kleinschreibung möglich.

Des Weiteren ist der Doppelpunkt eine Fehlerquelle. Es ist entscheidend wie das Wort nach dem Doppelpunkt auftaucht. Wenn nach dem Doppelpunkt ein ganzer Satz kommt, schreibt man den ersten Buchstaben groß. Auch hier ist es nicht selten, dass beide Schreibweisen möglich sind.

Eine andere Fehlerquelle sind die unbestimmten Zahladjektive. Grundsätzlich schreibt man sie klein, wenn jedoch ein philosophischer Sinn dahintersteht, kann man die Zahladjektive auch großschreiben. Eine weitere Fehlerquelle bilden die Artikel der Zeitschriftennamen wie z.B. Die Zeit. Auch werden Fehler beim Adjektiv *willkommen* häufig gemacht. Wenn es eine Substantivierung ist wird es großgeschrieben. Bei dem Falle eines Adjektivs wird es kleingeschrieben. [23]

Nun möchte ich zu den Diktaten meiner Nachhilfeschüler kommen. Der Schüler F.C. ist in der 7. Klasse einer Gesamtschule und der Schüler H.A. ist in der 6. Klasse eines Gymnasiums. F.C. hat insgesamt 11 Fehler gemacht. Er hat manche Substantive nicht als solches erkannt. Insgesamt hat er vier Fehler im Bereich der Groß-und Kleinschreibung gemacht.

---

[21] Mackowiak, Klaus. Die 101 Häufigsten Fehler Im Deutschen Und Wie Man Sie Vermeidet. Orig.-Ausg., 3., Aktualisierte, Neu Bearb. Und Erw. Aufl. ed. München: Beck, 2008.
[22] Mackowiak. 2008. S. 168
[23] Mackowiak. 2008. S. 167 f.

Der Schüler H.A. hingegen hat insgesamt 17 Fehler gemacht. Seine Schwierigkeit besteht in der Getrennt- und Zusammenschreibung. Im Bereich der Groß- und Kleinschreibung hat er nur zwei Fehler gemacht.

Hiermit wird offensichtlich, dass die Groß- und Kleinschreibung im Großen und Ganzen von den Lernenden beherrscht wird. Bei kniffligen und spezielleren Fällen werden Fehler gemacht.

Fazit

In meiner Hausarbeit hatte ich das Ziel die Groß- und Kleinschreibung der deutschen Sprache anhand verschiedener Grammatiken zu beleuchten. Im letzten Kapitel meiner Hausarbeit möchte ich ein Resümee über die Groß- und Kleinschreibung machen. In dieser Arbeit habe ich dargestellt, was die Orthographie bedeutet, zu der auch das Thema der Groß- und Kleinschreibung untergeordnet ist.

Ich habe bei vier verschiedenen Autoren herausgearbeitet, was sie in ihren Grammatiken betont haben. Des Weiteren sind sich die Autoren einig, dass die deutsche Sprache eine besondere Sprache ist. Nur in der deutschen Sprache werden Substantivierungen großgeschrieben. Im Normalfall werden Eigennamen, Satzanfänge und Pronomen der Höflichkeit großgeschrieben. Auch im Hinblick auf die Umsetzungen der Regelungen waren sich die Autoren einig. Die Regeln der Groß- und Kleinschreibung sind umsetzbar.

Im letzten Abschnitt meiner Hausarbeit habe ich mögliche Fehlerquellen unter Betracht gezogen. Daraus ergibt sich für mich die Schlussfolgerung, dass die Regelungen anscheinend nicht eindeutig sind. Dies hat sich auch in den Diktaten meiner Schüler gezeigt. Auch wenn sie mehr Schwierigkeiten im Bereich der Getrennt- und Zusammenschreibung hatten, erwiesen sich trotzdem auch Fehler im Bereich der Großschreibung.

Auch mein Ziel, meine Kenntnisse im Bereich der Groß- und Kleinschreibung aufzufrischen, hat sich somit erfüllt.

Auch in weiterer Zukunft wird dieses Thema seine Aktualität nicht verlieren. Viele Jugendliche kommunizieren auf der Basis der Schriftlichkeit. Viele Wissenschaftler interessieren sich auch für die Groß- und Kleinschreibung in WhatsApp- oder SMS-Kommunikation. Dadurch werden neue Grundlagen wie z.B. Digitalisierung und Orthographie, im Zusammenhang, immer wichtiger.

Literaturverzeichnis

Bußmann, Hadumod [Hrsg.]. Lexikon Der Sprachwissenschaft. 3., Aktualisierte Und Erw. Aufl. ed. Stuttgart: Kröner, 2002.

Eisenberg, Peter. (1998). Grundriß der deutschen Grammatik. 1. Das Wort (Neuausg.] ed.). Stuttgart: Metzler.

Fuhrhop, Nanna. (2009). Orthografie (3., aktualisierte Aufl. ed.). Heidelberg: Winter.

Heller, Klaus. Die Regeln Der Deutschen Rechtschreibung. Hildesheim: Olms-Weidmann, 2008.

Hentschel, Elke, and Weydt, Harald. Handbuch Der Deutschen Grammatik. 4., Vollst. überarb. Aufl. ed. Berlin [u.a.]: De Gruyter, 2013.

Mackowiak, Klaus. (2008) Die 101 Häufigsten Fehler Im Deutschen Und Wie Man Sie Vermeidet. Orig.-Ausg., 3., Aktualisierte, Neu Bearb. Und Erw. Aufl. ed. München: Beck.

Wöllstein, Angelika [Hrsg.], and Eisenberg, Peter. Duden, Die Grammatik: Unentbehrlich Für Richtiges Deutsch. 7., völlig neu erarbeiteten und erweiterten Auflage. ed. Berlin: Dudenverl., 2006

Internetseiten:

http://www.sueddeutsche.de/karriere/rechtschreibreform-graeuliche-staengel-1.547515 (Stand: 20.11.17)
http://www.spiegel.de/lebenundlernen/schule/rechtschreibung-reform-ein-flop-a-1106789.html (Stand: 20.11.17)
https://www.welt.de/regionales/hamburg/article166786533/Hammburgs-Schuehler-machen-zu-fiele-Feler.html (Stand: 20.11.17)

BEI GRIN MACHT SICH IHR WISSEN BEZAHLT

- Wir veröffentlichen Ihre Hausarbeit, Bachelor- und Masterarbeit

- Ihr eigenes eBook und Buch - weltweit in allen wichtigen Shops

- Verdienen Sie an jedem Verkauf

Jetzt bei www.GRIN.com hochladen und kostenlos publizieren